美国在亚太地区的军力报告 2016

中国南海研究院

时事出版社

序

作为目前世界上唯一的超级大国，美国继续维持并强化在包括南海在内的亚太地区的军事存在。从历史视角稍加研究和分析，我们不难发现美国对亚太地区的战略重视和军事投入由来已久。其基本脉络大致是：美国在这一地区的军事存在始于19世纪末、20世纪初，成形于第二次世界大战，并在“冷战”期间得到进一步的巩固和加强。随着苏联的解体、“冷战”的结束，雄踞霸主地位的美国一度削减了它在亚太地区的军事存在。但自奥巴马政府相继实施“重返” 亚太和亚太“再平衡”战略以来，美国对这一地区以增加军费投入、强化同盟伙伴关系和扩大军事活动范围为主要特征的军事存在明显提升和加速，尤其是在南海周边地区的军事活动达到了前所未有的地步。与此同时，南海问题持续升温。

《美国在亚太地区的军力报告（2016）》旨在系统梳理并向读者重点呈现在推行亚太“再平衡”战略背景下，美国在亚太地区尤其是南海地区的军事存在和军事活动的生动图景。

中美分别作为最大的发展中国家和最大的发达国家，以及全球第二、第一大经济体，在“中美新型大国关系”的框架下构建“中美新型军事关系”是新时期中国对美政策的重要内容。如何实现中美在亚太尤其是南海地区的良性互动、避免战略误判和引发冲突，既关乎中美关系本身，也关乎本地区国家和人民的和平安宁及福祉。期待本报告能对决策者、战略学家和研究人员深化对有关问题的研究，并正确和客观地了解美国在亚太尤其是南海地区的军事动向和战略意图有所裨益。

是为序！

中国南海研究院院长
吴士存
2016年11月

目 录

概　述

第一章 军费投入及军力部署

自推行亚太“再平衡”战略以来，美国逐步强化在亚太地区的海上及空中军事力量部署，加强传统军事基地建设，并以灵活的海外轮替驻军形式作为补充，在亚太地区实现了更为常态化的存在。尽管近年来美国军费预算有所削减，但仍居全球首位。

第二章 美军在亚太地区的军事活动

随着美国全球战略重心的日渐东移，其海空力量不断增加在亚太地区的军事活动，包括在亚太海域持续开展“航行自由行动”，及对中国进行更大规模、更高频率的海空抵近侦察行动。同时，美国在亚太地区主导的军事演习接连不断，演习规模、参与国家及军力投入均大幅上升，且演习科目也日趋多元，并更有针对性，涵盖联合作战、夺岛登陆、保护钻井平台及救灾、反恐和人道救助等诸多领域。

第三章 同盟伙伴关系与军事合作

庞大的双边同盟和伙伴国网络是美国在亚太地区有效调动资源、配置军力，维持地区主导权的重要支柱，也是美国实施亚太“再平衡”战略的基础。为推进亚太“再平衡”战略，美国持续深化与日本、菲律宾、新加坡和越南等同盟或伙伴国的防务合作关系，提升针对南海的亚太前沿军事部署，加大多边和双边联合军事活动。美国还着重提升同盟和伙伴国尤其是南海声索国应对海洋安全领域挑战的能力。

第四章 南海安全形势及美国南海政策

近年来，南海有关争议呈现出国际化、复杂化、扩大化的发展态势，由岛礁领土问题和海洋管辖权争议向海权争夺、资源开发与航道管控等领域拓展，海上安全形势挑战明显增多。随着美国南海政策的调整，介入程度的加深，美国挑起的与中国在南海地区的地缘政治博弈逐渐成为南海问题的“新主线”。

第五章 中美军事交流与合作

随着国际战略力量格局的发展变化，美国在亚太地区加紧推进亚太“再平衡”战略，中国则提出了构建“中美新型大国关系”的倡议。军事交流是两国关系的重要组成部分，也是双方建立战略互信的关键环节。近年来，中美军事交流在坦诚面对矛盾、有效管控分歧的同时，各领域的务实合作也在不断推进和深化。

前　言

美国在亚太地区的军事部署和军事活动是其亚太“再平衡”战略的重要体现之一。长期以来，在亚太地区的前沿存在和军事部署是美国全球军事态势必不可少的组成部分，也是其维持在亚太主导地位的重要支柱。2009年巴拉克·奥巴马总统执政以来，美国的全球军事战略显示出将关注重点和投入重心转向亚太地区的趋向。

在亚太“再平衡”战略的驱动下，美国逐步强化在亚太地区的兵力部署、前沿存在和军事活动，并重点提升与日本、菲律宾、越南、马来西亚等亚太同盟和伙伴的军事合作水平。根据美国官方发布的系列战略报告，可以预见，美国未来将继续加强在菲律宾、新加坡、马来西亚等东盟国家的军力部署和前沿存在，并强化在南海海域及周边地区的军事活动。

本报告系统梳理了美国在亚太地区的军事存在，包括海、陆、空人员数量，各型战机、航母战斗群、导弹防御系统等攻防装备，以及美军在冲绳、关岛、菲律宾、澳大利亚、新加坡等地军事基地的军力和设施部署情况。美军在南海及亚太地区军事活动主要是与日本、菲律宾、澳大利亚等同盟和伙伴合作，开展双边、多边联合军事演习和海上联合巡航，以及在亚太及南海地区日益频繁地进行海空抵近侦察、情报搜集和监视活动。

本报告亦回顾总结了中美军事合作已建立的机制和取得的成果。经过两国领导人及职能部门的努力，中美对建立新型军事关系，加强军事安全领域交流与合作已经达成一些共识。特别是两国海军舰艇和人员互访日益频繁，中国还应邀参与美国主导的“环太平洋”海上联合军事演习。值得注意的是，2015年中美签订《海空相遇安全行为准则》，并建立重大军事行动相互通报机制，且两国双边海上联合军事演习不断推进，为两军管控海上冲突危机，深化海上非传统安全领域合作，以及增进海上互信发挥了积极作用。

本报告从中国视角出发，以公开资料和数据为参照和分析依据，力求客观、公正，旨在向国际社会较为系统和全面地介绍美国在亚太，特别是南海地区的整体军事存在情况；通过对不同时期美国军事存在的分析和对比，动态地呈现美军在南海及亚太地区军力变化的总体趋势和目标指向。

第一章
军费投入及军力部署

一、亚太“再平衡”战略

2009年11月14日，奥巴马总统在日本发表演说时表示，“美国是太平洋国家，通过这一大洋紧密相连”，将加强与亚洲各国关系，继续发挥领导性作用。2011年11月,奥巴马在亚太经济合作组织领导人非正式会议上首次公开提出亚太“再平衡”战略。

美国国防部2010年版《四年防务评估报告》强调，要“增强美国前沿部署态势和基地基础设施的弹性”。这意味着美国不但要加强传统骨干军事基地的建设，还要以多种途径寻求获取新的军事基地，或者以灵活的海外驻军方式对永久性军事基地进行投入。

2012年1月，美国国防部公布《维持美国的全球领导地位：21世纪防务的优先事项》新防务战略指南，提出面向2020年美国军事建设的基本原则，强调美军在保持全球存在的同时要以亚太和中东为重点，进一步提升海空军作战能力。

2012年6月，美国国防部时任部长莱昂·爱德华·帕内塔在出席香格里拉对话会时宣称，美国将在2020年前把60%的海军舰艇部署在亚太地区。一年后，其继任者哈格尔在同一场合又进一步宣布美军将把本土以外60％的空中力量部署到亚太地区。

美国国防部2014年版《四年防务评估报告》进一步廓清了面向2020年的美国防务战略，将“推进亚太‘再平衡’”列为美国防务战略日程优先事项之首（其后依次为：维护欧洲和中东地区的安全与稳定；在全球范围内、重点是中东和非洲打击暴力极端分子和恐怖主义；在美国军事力量总体“瘦身”的情况下保护美国对技术的关键投入；努力构建新型伙伴关系，强化关键的同盟和伙伴关系）。

美国国防部2014年版《四年防务评估报告》更明确了推进亚太“再平衡”的具体路径：第一，落实“两个60%”的军力部署目标，即到2020年，60%的海军和海外空军力量将部署到太平洋地区。美军还将采取分布更为广泛、更可持续的部署模式，加强海军陆战队的存在。第二，提升在东南亚和大洋洲的军事存在。第三，强化与日本、澳大利亚等关键同盟的安全合作，同时深化与新加坡、越南等关键伙伴的防务联系。第四，着重发展一些针对性的军事能力，如导弹防御、网络战、太空战、空海一体战等。

美国官方在2015年发布了《前沿、介入与准备：21世纪海上力量合作战略》、《国家安全战略》、《亚太海洋安全战略》三份报告，重申了在2020年前完成“两个60%”的目标，明确美国在亚太海域存在海洋自由、制止冲突与胁迫、遵守国际规则和规范等利益，强调东海、南海和印度洋是美国全球战略重心转向亚太的三大重点区域。

二、军费开支

长期以来，美国为维持其全球军事优势保持着巨额的军费投入。近年，受国内经济形势不景气和全球战略调整的影响，美国国防预算有所削减，但仍高居全球之首。美国在世界各地还有许多军事基地和海外驻军，特别是在亚太地区保持着较大规模的军事存在。随着地区乃至全球安全形势的变化，特别是奥巴马政府推行亚太“再平衡”战略后，美国在亚太地区的军事部署呈现逐步强化的趋势。实际上，增加在亚太地区的军事力量并未受国防预算削减的影响。

美国的国防预算一直高居全球首位。尽管2013年启动自动减支计划，美国国防预算有所下降，但总体来看，美国国防开支仍维持全球第一。

2016财年美国国防预算申请额为5853亿美元，比2015财年的5604亿美元增加约4%。2016年2月，美国国防部公布2017财年预算申请额为5830亿美元，同2016财年基本持平。

表1-1 2010至2015财年美国防预算表

（单位：亿美元）

财年项目	2010	2011	2012	2013	2014	2015
军费预算	6910	6870	6455	5776	5814	5604
基本预算	5279	5282	5304	4955	4963	4961
海外应急行动预算	1624	1588	1151	820	849	642

注：1. 数据来源：美国国防部2016财政年度预算；

2. 2010、2013、2014、2015财年除基本军费预算和应急行动预算外，军费预算总额中还分别包括7亿、1亿、2亿和1亿美元的其他非战争补充预算。

2017财年的美国国防预算申请在欧洲和亚太两个方向上都是增长的。该申请首次将俄罗斯和中国列为全球战略挑战之首，其海外应急行动预算申请比2016财年增长了约50亿美元，要求编列34亿美元支持“欧洲再保证倡议”，并在中欧和东欧地区长期部署1个旅级战斗队，增加轮换部署部队、联演联训和预置装备设施，以“慑止俄罗斯的侵略行为”。同时，重点加强东南亚同盟与伙伴的海上安全能力，构建与上述国家一体化的海上态势感知体系。该预算申请还以伊朗和朝鲜威胁为借口，加紧在东欧和亚太地区构建反导体系。

梳理2011年以来的美国军费预算，尽管其增幅在整体上受到了控制，但单就亚太地区而言，倾斜态势不断加强。美国国防部在提交2017财年预算申请时强调将持续推动亚太“再平衡”，将采取审慎措施维持和加强长期威慑，包括对新兴国家进行有针对性的投入，以保持亚太军事优势，应对中国的军事现代化。为落实上述部署，2017财年国防预算申请所明确的具体措施包括：在日本增加部署F-35战斗机和更多“宙斯盾”驱逐舰，启动P-8A反潜巡逻机在新加坡的轮换部署，落实美军在澳大利亚北部的轮换部署，将海军陆战队转移至关岛，加强在菲律宾的轮换部署，未来5年内向“东南亚海上安全倡议”提供4.25亿美元资金支持，继续在国际法允许的任何地点实施“航行自由宣示行动”等。

三、军事基地

美国国防部发布的《2015财政年度美军基地结构报告》显示，美国海外军事基地遍及除南极洲外的六大洲、四大洋，辐射全球50多个国家，总数587个。

鉴于亚太和印度洋地区对美国有着极重要的战略价值，美军在这一地区设有7个基地群，占其海外基地总数近50%，其中日本122个，韩国83个。这7个集群呈现“三线”配置，即：由阿拉斯加、东北亚、西南太平洋和印度洋等4个基地群组成第一线；由关岛和澳大利亚两个基地群组成第二线，作为第一线的依托和重要海空运输中转基地，以及监视侦察基地；由夏威夷群岛基地群组成第三线，一方面充当支援亚太地区作战的后方，另一方面又是美国本土防御的前哨。

美军在亚太地区常设军事基地分为5个规模较大的区域集群：1.由驻日、驻韩美军基地组成的东北亚基地群；2.以关岛为中心，包括马里亚纳、加罗林和马绍尔群岛在内的西南太平洋基地群；3.以菲律宾、新加坡为中心，包括东南亚地区其他可用基地在内的东南亚、澳大利亚基地群；4.以夏威夷为中心的夏威夷基地群；5.包括阿拉斯加和阿留申群岛在内的阿拉斯加基地群。除东南亚、澳大利亚基地群多为非常设基地外，其余四大基地群大部分都是常设基地。

美国国防部2010年版《四年防务评估报告》指出，要“增强美国前沿部署态势和基地基础设施的弹性”。这意味着美国不但要加强传统骨干军事基地的建设，还要以多种途径寻求获取新的军事基地，广泛建立小巧灵活的小型军事基地，或以灵活的海外驻军方式来对永久性军事基地进行补充。为此，美军正大幅加强在冲绳和关岛的军事部署，试图将其打造成亚太地区联合军事存在的战略枢纽。此外，美军虽未在东南亚和大洋洲建设永久性基地，但已经通过轮换部署、舰艇访问、联合军演等方式实现了军力部署。

美国自“冷战”结束从菲律宾军事基地撤出后，在东南亚

地区基本没有大型军事基地，军事部署主要是在新加坡以灵活形式进行。美国在新加坡部署有一个西太平洋后勤支援部队，基本获得了新加坡樟宜军事基地的使用权，职责主要是为第七舰队提供燃料、食品、零件等补给，同时负责对第七舰队舰只进行维护和保养。从2013年起，美国还开始在新加坡轮换部署濒海战斗舰，计划2017年前在新加坡轮换部署4艘濒海战斗舰，现已部署3艘。

2014年4月，美国与菲律宾签署《强化防务合作协议》，允许美军使用菲军事基地并在其上建设设施。这是20多年来美军首次实现在东南亚地区的持续存在。2016年3月，美菲在第六次双边战略对话中就美国使用菲律宾5处军事基地达成共识，美军获准使用巴拉望岛的安东尼奥·包蒂斯塔空军基地、菲首都马尼拉北面的巴萨空军基地、吕宋岛中部帕拉延市的马格赛赛堡基地、南部棉兰老岛的伦维亚空军基地和中部城市宿务的麦克坦－贝尼托·埃本空军基地，对飞机、船舰及军队进行换防。其中安东尼奥·包蒂斯塔空军基地当面朝向南海，其他四个基地也具备可供美军舰机快速抵近南海的地理优势。

2014年8月美国与澳大利亚签署了《军力态势协议》，将在澳大利亚北部达尔文派驻空军和一支不超过2500人的海军陆战队空地特遣部队。

美国还正谋求菲律宾向其再开放3个在“冷战”期间曾经属于美军的基地以及位于马尼拉的菲律宾军方总部。企图通过舰艇访问、舰艇维修等方式获得越南金兰湾基地及马来西亚哥打基纳巴卢等南海周边军事基地的进入和使用权。自2012年起，美泰就美军获得对泰国乌塔堡基地新的访问权问题展开谈判。美国还计划将澳大利亚海军纳入战区导弹防御系统，在澳大利亚科科斯群岛上打造无人机训练基地，并在布里斯班和珀斯海军基地进行少量军事部署。美国的上述举措，旨在构建形成远近结合、静态与动态结合以及战略与战术结合的亚太军事基地体系。

四、军力部署

截至2015年，美国在亚太地区部署有368,000人的兵力，其中大约97,000人部署在国际日期变更线以西地区。美国部署在亚太地区的海外军力占其全部海外军力的比重超过50%，这些力量基本上隶属于美军太平洋司令部。

美军太平洋司令部责任区约2.72亿平方千米，覆盖地球一半以上面积，横跨印度洋、太平洋的32个国家和20个地区，下辖海军、海军陆战队、空军和陆军部队四大军兵种。其中，海军部队装备有各型舰艇、潜艇约200艘（包括5个航母打击群），飞机近1100架，海军官兵（包括文职）约14万人。主要作战舰艇包括35艘驱逐舰、11艘巡洋舰、11艘扫雷舰、6艘濒海战斗舰、6艘船坞登陆舰、1艘两栖指挥舰、5艘两栖运输船坞和5艘两栖攻击舰。

在西太平洋地区，美军兵力约15.3万人，主要部署在韩国、日本、关岛、夏威夷和阿拉斯加。包括：陆军1个集团军部、2个师，约5.7万人；海军及海军陆战队1支编号舰队（第7舰队）、1个舰载机联队、1个陆战师、1个陆战航空联队，约

90艘舰艇、150架飞机，兵力约6.1万人；空军3个航空队（驻韩国的第7航空队、驻日本的第5航空队及驻关岛、夏威夷和阿拉斯加的第11航空队）、9个飞行联队，约300架各型战机，兵力约3.5万人。

美军常驻西太地区的舰艇主要分布在日本横须贺基地、佐世保基地及美国关岛和夏威夷基地。横须贺基地部署有航空母舰1艘、导弹巡洋舰3艘、导弹驱逐舰8艘、两栖指挥舰1艘；佐世保基地部署有多用途两栖舰4艘、水雷对抗舰4艘；关岛部署有潜艇支援舰2艘、核动力攻击潜艇4艘；夏威夷部署有导弹巡洋舰2艘、导弹驱逐舰9艘、潜艇18艘。常驻西太的飞机类型主要包括F–15C/D战斗机、F–16C/D战斗机、C–130H运输机、RC–135V/W侦察机、F–22A战斗机、E–3B/C预警机、B–52战略轰炸机、RQ–4B全球鹰无人侦察机等。

2014年2月，美国国防部宣布将美国陆军兵力从52万人削减至44万人，节省下来的资源用于新型作战力量的建设，包括增加陆军和海军陆战队在亚太地区的部署。2013年至2014年，派往太平洋司令部的陆军官兵总数从6万人增至10万多人。2014年春，美国海军陆战队有1.9万人驻扎在亚太地区，目标是到2017年增至2.2万人。

在亚太“再平衡”战略的指导下，美军正逐步将其最先进的水面舰艇部署到亚太地区，主要包括：2015年用更新的“罗纳德·里根”号核动力航空母舰替换“乔治·华盛顿”号核动力航空母舰；2020年前把最新的“美国”号两栖攻击舰部署到该地区；在日本增加部署2艘“宙斯盾”驱逐舰；把3艘最先进的“朱姆沃尔特”级隐形驱逐舰部署到太平洋舰队。为补充水面作战能力，美空军还将部署一批性能最好的装备，包括F-22战斗机、MV-22“鱼鹰”倾转旋翼机、P-8A反潜巡逻机等。未来几年，美国国防部还将采购395架F-35战斗机，其中大部分部署到亚太地区。在水下能力方面，美军将在关岛增加部署一艘攻击型潜艇，并再建造2艘“弗吉尼亚”级核动力攻击潜艇。

为支持这些力量，目前美国国防部正在采购先进的精确弹药，以及新型远程反舰巡航导弹，并开展一系列武器现代化计划，包括计划研制适合海上作战的新型陆基、海基和空射导弹。美军还在挖掘现有武器使用的新方式，包括提升“战斧”式巡航导弹固有性能。此外，美军还加大对关键作战能力的投入，建立能够持续运行且作用距离更远的情报搜集、监视和侦察平台，增强海上态势感知和危机预警能力。

第二章

美军在亚太地区的军事活动

一、抵近侦察及情报搜集

侦察、监视及情报搜集一直是美军加强作战能力建设的重要领域之一。美军舰机常年对包括南海沿岸国在内的亚太地区国家实施抵近侦察和情报搜集活动。随着其亚太“再平衡”战略的深入实施，美国在亚太部署了更多性能先进的各型侦察机、无人机、电子侦察船、核潜艇及轨道侦察卫星等，其侦察和情报搜集能力得到大幅提升。

中国已成为美国实施抵近侦察活动频度最大、范围最广、形式最多的国家，而且次数逐年增长。这不仅威胁中国国家安全，损害中国相关海洋权益，破坏中美战略互信，而且极易引发海空意外事件，成为影响中美关系和本地区和平稳定的重要因素。据不完全统计，2009年美军侦察机对中国实施抵近侦察约260余架次，而2014年已超过1200架次；2015年美国在南海的抵近侦察较往年更是显著增加。

美军舰机针对中国的侦察和情报搜集活动主要分为三类：

一是飞机侦察。美军在亚太部署了大量先进的侦察机和巡逻机，包括驻韩乌山空军基地空中侦察力量U-2，驻日三泽空军基地P-3C巡逻机，驻冲绳嘉手纳空军基地RC-135、P-3C巡逻机、EP-3电子侦察机、P-8A反潜巡逻机，和关岛基地“全球鹰”无人侦察机。这些飞机性能不同，担负的侦察任务也各有特点。P-8A反潜巡逻机装有雷达、光电/红外传感器、电子支援措施和通信系统，最大监视范围为600千米。其AN/APY-10型雷达，最大对海搜索距离为200海里（约370千米），对潜望镜搜索距离为32海里（约59千米），可同时搜

图2-2 RQ-4“全球鹰”无人机

图片来源：美国空军官网。

索跟踪256个目标，具有对海上和地面超高分辨率成像模式。“全球鹰”无人机可执行侦察、照相，特别是进行战略侦察、通信中继和抗干扰等任务，最大续航时间达42小时，可以识别距离在20-200千米范围内的所有动态或静态目标。P-3反潜巡逻机主要用于反潜，携带各种主被动声纳浮标87枚，同时还能执行侦察、电子战等任务。EP-3侦察机配备先进的电子侦察设备，主要搜集防空系统的电子信号，可连续飞行12个小时，航程5400千米以上。RC-135电子侦察机，以收集各类电磁波为主要任务，除机翼和机首两侧有雷达外，机身上还遍布各式天线，对电磁波有很强的截收能力，截收范围达240千米以上。

二是特种侦察船的情报收集活动。根据任务和装备不同，美国海军司令部下属的特种任务船主要分为海洋测量船、音响测定舰、导弹观测船和声学研究船四种（详见表2-1）。这些情报搜集船分工明确，常年在全球各大洋和重点海域搜集各种情

表2-1 美国现役情报搜集船一览

类别	级别	船名	使命任务	主要装备	满载排水量（吨）	服役时间
海洋测量船	“麦克唐纳”级	麦克唐纳	根据海军下达的命令，对全球各重点和敏感海洋进行声呐、生物、物理和地理预先测量，详尽准确地探测海底地形、地貌、浅层剖面、表层底质等多种战场要素。	浅海回声测深仪、深海回声测深仪、海底浅层剖面仪、浅海多波束系统、深海多波束系统、多普勒声学测流仪、侧扫声呐、全球定位系统、遥控潜水器、重力仪、磁力仪等20多种海洋测量设备和多个测量工作站。	2054	1991.12
	“探路者”级	探路者			4762	1994.12
		萨姆纳			4762	1995.05
		鲍迪奇			4762	1995.12
		亨森			4762	1998.02
		布鲁斯·希曾			4762	2000.01
		玛丽·西尔斯			4762	2001.12

音响测定船	“胜利”级	胜利	对发现的可疑水下声波进行分析，判定潜艇型号。	拖曳声呐基阵。	3396	1991.09
		能力			3396	1992.07
		有效			3396	1993.01
		忠诚			3396	1993.07
	“无瑕”级	无瑕			5370	2001.03
导弹观测船		观察岛	对中、远程弹道导弹的射程进行精确测量。		17015	1958.12
		无敌			2285	1987.02
声学研究船		海斯	进行潜艇噪声测量，运输、布放和回收海底声学基阵、声学调查、声学试验。		4037	1971. 07

资料来源：《舰船知识》。

图2-3 “无瑕”号音响测定船

图片来源：美国海军官网。

报。从2001年开始，美国“探路者”级和“麦克唐纳”级海洋测量船频繁到黄海、东海、南海海域进行大范围、长时间、耕海犁地式的海洋测量活动，搜集上述海区的海底地形地貌、海洋重力、海洋磁力、洋流、潮汐等海洋环境信息。“胜利”级和“无瑕”级音响测定舰也从2004年开始，长期在黄海、东海和南海进行海洋监视活动，其活动海域大多处于中国海军潜艇可能活动的航道或重要潜艇基地附近。其间，曾出现美舰与中国正常作业的渔船或海上执法船只对峙事件，如2002年的“鲍迪奇”号事件、2009年的“无瑕”号事件和“胜利”号事件。

三是作战舰艇的活动。近年来，美国海军一方面开始使用作战舰艇配合其特种侦察船的活动，另一方面加大作战舰艇在西太海域特别是南海的活动力度。以2016年3月初进入南海巡航的美国海军“斯坦尼斯”号航空母舰为例，这是美国海军“尼米兹”级核动力航空母舰的7号舰，系目前世界上最大、最先进、战斗力最强的航空母舰之一，可携带多型舰载机，包

图2-4 “斯坦尼斯”号航空母舰

图片来源：美国海军官网。

括攻击机、电子战飞机、预警机、运输机以及多用途直升机，还拥有先进的作战数据系统和武器控制系统，装备有舰空导弹、电子战系统和电子对抗系统。随同该航母进入南海的还有“莫比湾”号巡洋舰、“史托克尔”号驱逐舰和“钟云”号驱逐舰。同年6月，美国“斯坦尼斯”号及“里根”号航空母舰在南海进行了防空、海上侦察，以及远程攻击演习。

二、巡逻及“航行自由行动”

2015年，美军舰机在南海地区进行了700余次巡逻。2015年10月27日，美国海军“阿利·伯克”级导弹驱逐舰“拉森”号未经中方允许，进入中国南沙群岛渚碧礁邻近海域进行挑衅性巡航，中国军舰对“拉森”号进行了监视、跟踪和警告。12月10日，美国空军2架B–52战略轰炸机擅自进入中国南沙群岛有关岛礁邻近空域，中国军队对美军机活动保持了严密监视，并予以警告驱离。2016年1月30日，美国海军派出同为“阿利·伯克”级的导弹驱逐舰“威尔伯”号驶入西沙群岛中建岛邻近海域内航行，此次航行未向中方通报和申请，中国守岛部队予以警告驱离。5月10日，美国海军导弹驱逐舰“劳伦斯”号未经中国政府允许，驶入中国南沙群岛永暑礁邻近海域，中方有关部门依法对美方舰艇实施了监视、跟踪和警告，并予以驱离。10月21日，美国海军“迪凯特”号驱逐舰擅自进入中国西沙领海，中国海军“广州”号导弹驱逐舰和“洛阳”号导弹护卫舰对美舰进行识别查证，并予以警告驱离。美国国防部称，“拉森”号、“威尔伯”号和“劳伦斯”号的行动是美军维护“航行自由”的正常行动，而B-52轰炸机的飞行并非“航行自由宣示行动”的一部分。但就“迪凯特”号事件，美国国防部并未发表评论。中方指出，美方连续派军用舰机赴南海有关海空域炫耀武力，制造紧张局势，是一种严重的军事挑衅行为；美方军舰有关行为危及岛礁人员及设施安全，威胁中国主权和安全利益，推动南海军事化，损害地区和平稳定；中方坚决反对美方这一行为，将继续采取必要措施维护主权和安全。

资料显示，“拉森”号导弹驱逐舰具有强大的对海和对陆攻击能力，装备有2座垂直发射系统，共96个发射单元，能发射“战斧”对陆攻击巡航导弹、“鱼叉”反舰导弹、“标准”防空导弹和“阿斯洛克”反潜导弹等多型导弹，装备有舰炮、鱼雷和电子对抗装备，并携带舰载直升机。B-52战略轰炸机的作战能力更为强大，几乎可以携带美军所有的攻击武器，包括AGM-86C常规空射巡航导弹、精确制导炸弹、常规炸弹、联合直接攻击弹药、联合防区外空地导弹乃至核武器。

美国的“航行自由计划”是在《联合国海洋法公约》谈判末期，为对抗新的海洋法制度和为确保美国军事力量在全球范围空海域的行动自由而制定的。该计划最初于1979 年卡特政府时形成，主要通过外交和军事手段挑战美国认为的“过度海洋主张”，以此掌控全球制海、制空权，保护美国全球利益，维护其世界霸主地位。近年来，美国航行自由行动的频次和范围都大幅增大，进行针对性“航行自由计划”的国家和地区在2014年增至19个。亚洲尤其是东南亚国家和地区已成为美国“航行自由计划”针对的主要对象。2010年至2015年间，每年针对亚洲国家的行动均占“航行自由”任务的80%以上，南海沿岸国除文莱外全部在列（详见表2-2）。

表2-2 美国“航行自由计划”实施情况（2010-2015）

年度	挑战国家和地区数	全球分布情况	涉南海有关争议国家情况	挑战内容
2015	13	亚洲10（含台湾）	中国	过度的直线基线主张；专属经济区空域管辖；防空识别区的有关规定；中国测绘法就外国实体在专属经济区测绘的定罪；要求外国军舰通过其领海及群岛水域之前事先通知。
			印尼	指定的部分群岛水域航道；要求外国军舰通过其领海及群岛水域之前事先通知；对领海附近海域停泊、下锚、航行的限制规定。
			马来西亚	核动力船进入领海前需事先批准；专属经济区军事演习及军事活动需事先批准。
			菲律宾	将群岛水域定为内水。
			越南	过度的直线基线主张；要求外国军舰通过其领海及群岛水域之前事先通知。
			中国台湾地区	外国军舰或政府船通过领海之前通知的要求。
2014	19	亚洲12	中国	过度的直线基线主张；专属经济区空域管辖；东海防空识别区的有关规定；中国测绘法就外国实体在专属经济区测绘的定罪。
			印尼	指定的部分群岛水域航道；要求外国军舰通过其领海及群岛水域之前事先通知；对领海附近海域停泊、下锚、航行的限制规定
			马来西亚	同2010年。
			菲律宾	同2013年。
			越南	过度的直线基线主张。
2013	12	亚洲11	中国	过度的直线基线主张；毗连区安全管辖；专属经济区空域管辖；中国测绘法就外国实体在专属经济区测绘的定罪；外国军舰通过领海之前需批准的要求。
			印尼	同2011年。
			马来西亚	同2010年。
			菲律宾	将群岛水域定为内水。
			中国台湾地区	同2012年。
			越南	过度的直线基线主张；外国军舰通过领海之前需通知的要求。

2012	12	亚洲12	中国	专属经济区空域管辖；中国测绘法就外国船只在专属经济区进行测绘行动的规定；外国军舰通过领海之前需批准的要求。
			印尼	同2011年。
			马来西亚	同2010年。
			菲律宾	领海基线；将群岛水域定为内水。
			中国台湾地区	领海基线；外国军舰或政府船通过领海之前通知的要求。
			越南	同2011。
2011	15	亚洲12	中国	领海基线；毗连区安全管辖；专属经济区空域管辖；中国测绘法就外国实体在EEZ测绘的定罪；外国军舰通过领海之前需批准的要求。
			印尼	部分指定群岛水域航道；要求外国军舰通过其领海及群岛水域之前事先通知。
			马来西亚	同2010。
			中国台湾地区	领海基线；外国军舰或政府船通过领海之前通知的要求。
			越南	领海基线；外国军舰通过领海或毗连区之前需批准的要求；毗连区安全管辖；进入毗连区武器放置限制在非操作状态。
2010	12	亚洲11	中国	专属经济区空域管辖；中国测绘法就外国实体在专属经济区测绘的定罪。
			印尼	部分指定群岛水域航道。
			马来西亚	核动力船进入领海前需事先批准；专属经济区军事演习及军事活动需事先批准。
			菲律宾	群岛基线。
			越南	领海基线；外国军舰通过领海或毗连区之前需批准的要求。

资料来源：《舰船知识》。

值得关注的是，近期美国针对中国南海有关岛礁的巡航行动，通常是高调宣布，并配合大量的媒体炒作，这在世界其它海域和国家均未出现。比如，“拉森”号驶入南沙群岛渚碧礁邻近海域之前，美军P-8A反潜巡逻机2015年5月曾搭载美国有线电视新闻网记者巡航南海，并向外界公布相关视频和录音。同年10月，美军太平洋司令部司令哈利·哈里斯接受日本放送协会电视台采访时表示，美国海军已就进入中国南沙岛礁12海里内巡航做好一切准备，只待奥巴马总统下达行动指令。他还声称这是宣示美国对中国目前“造岛行为”反对态度的最直接举措。当北京时间2015年10月27日上午“拉森”号驶入渚碧礁邻近海域后，美国国防部即于美国东部时间10月26日晚向相关媒体发布信息，称“拉森”号已经进入南海渚碧礁附近水域进行巡航，其过程将持续几个小时。这些做法，与美军以往“静悄悄地”执行“航行自由计划”截然不同，其针对中国、炒作南海问题的目的显而易见。

三、军事演习

自实施亚太“再平衡”战略以来，美国在亚太，尤其是西太平洋主导实施的多边军演、双边军演、空中军演、常规性军演等各种军事演习的频率、规模和复杂程度都不断提升，且格外注重与东南亚各国，特别是南海沿岸国的联合军演活动。

美军太平洋司令部，尤其是第七舰队执行了其在亚太地区的大多数军演任务。2014年，太平洋司令部主导了160次双边和多边军事演习，举办了500多个军队高级将领互访活动以及有关建设项目、军事训练和教育的研讨会。2015年，演习数量上升至175次，其中第七舰队参加了110多次旨在加强情报交流和联合训练的演习。这些演习主要集中在南海地区，南海沿岸东南亚国家是这些军演项目的主要参与国（详见图2-5）。通过系列军演活动，美国加强了与澳大利亚、日本、韩国、菲律宾和泰国等国家的盟友关系，深化了与印度的安全关系，强化了同新西兰、新加坡、印尼、马来西亚、越南和孟加拉国等国的伙伴关系。在南海及周边地区，值得关注的是美菲“肩并肩”联合军演、“卡拉特”联合军演、“太平洋伙伴计划”联合军演及“环太平洋”联合军演等多边演习。

（一）“肩并肩”联合军演

“肩并肩”联合军演始于1991年，是美国和菲律宾共同开展的重要常规双边联合军演，旨在通过联合军事行动提高两国军事协调性。最初的演习重点集中于反恐、人道主义救助和减灾等非传统安全领域。随着美国实施亚太“再平衡”战略，演练内容更加注重登陆作战，规模不断扩大，并愈发靠近南海争议海域。2016年4月举行的第32次演习在靠近南海的菲律宾巴拉望海域展开，突出“夺岛演练”和“突袭”科目，双方投入总兵力近1万人，其中美军参演人数5000人，菲方约3500人，澳大利亚军方派出80多人，日本首次作为观察员参加。

表2-3显示，“肩并肩”军演的参与人数呈现增加趋势，菲律宾军队态度更加积极。美国主要参演兵力包括美国海军陆战队第三师、海军陆战队第三后勤大队和海军陆战队第一航空兵大队、陆军第25步兵师以及斯特瑞克战斗旅第一大队。

（二）“卡拉特”联合军演

“卡拉特”联合军演全称“海上战备与训练合作”，始于1995年，每年举行一次，是美国同孟加拉国、文莱、柬埔寨、印尼、马来西亚、新加坡、菲律宾、泰国、东帝汶等国在南海地区举行的一系列双边联合军演，旨在加强美国与东南亚各国的军事

表2-3 “肩并肩”军演的参与力量、目标和相关活动（2012-2016年）

年份	参与力量	目标和特别活动
2016	5000名美国和3500名菲律宾士兵。另有80多名来自澳大利亚国防部的代表以及来自其他12个国家的观察员。	演习时间选择在中菲仲裁案最终裁决公布前夕。与此同时，菲律宾已准备让美军使用其境内的5个军事基地。演习旨在强化美菲关系和相互协调能力，重点演练海上危机应对。演习中使用了美“海马斯”高机动火箭炮系统。该系统将部署在巴拉望岛上。
2015	6656名美国以及5023名菲律宾士兵。另有来自澳大利亚国防部的61名工作人员。	回应中国在南海争端海域进行的岛礁建设活动。演习内容包括联合作战指挥、区域训练和人道主义民事援助。
2014	2500名美国士兵以及4800名菲律宾士兵。另有60名澳大利亚国防部工作人员。	演习时间正好对应两个事件，一是中菲在南海的主权争议日趋激烈；二是美菲签订《加强防卫合作协定》。演习聚焦于“非传统安全”，目的在于提升菲律宾应对自然灾害的反应能力，以及增强防御菲律宾领域的军事准备能力。
2013	共约8000名美菲士兵。	美军投入力量超过以往各年。演习聚焦军事力量部署以快速应对外部威胁，尤其是在菲律宾各群岛间部署军事力量以维护菲律宾领土主权。
2012	约4500名美国和2300名菲律宾士兵。	军演出于“更稳定和安全的亚太”这一目的，强调了美国及其同盟之间的长期军事纽带。另有20位来自东盟和15位来自其他伙伴国的代表参加了指挥所演习。

资料来源：美国国防部和海军官网。

合作，强化部队协同作战能力。“卡拉特”系列军演由美军太平洋司令部下属的太平洋舰队发起，主要参与军队为美国海军第七舰队，每年年中开始分别与多个东南亚国家的海军部队展开联合演习。演习主要围绕海上作战科目，包括海上机动、通讯、指挥和控制作战，也包括海上救援行动和搜索拦截行动等。

“卡拉特”系列军演的规模和广度逐年扩大。2014年该系列军演中，美军与其同盟和伙伴开展了150多天的互动与演习，第七舰队第73特遣队与第7驱逐舰中队40余艘美国与其他国家的舰船配合行动，登临12艘美国海军军舰，参与工作人员约1万余人。参与者还包括海军工程人员、爆炸军械处理技术人员、医务人员、潜水人员、50架飞机以及美国海军陆战队登陆部队等。

2015年“卡拉特”联合军演的规模比2014年大幅扩大，且出现一些新特点。首先，美军投入了更多的舰机和设备。例如，2015年首次投入“沃思堡”号濒海战斗舰，MQ-8B无人侦察机也参与了演习。第二，演习活动更加多样化，包括两栖登陆、海上机动、海上射击演习、海上临检情景、近距离作战、小型舰船维护、海上巡逻、海上侦察、拆除技术、水文地理勘察、海上补给、海上搜索和救援等。还结合了有关灾害控制、航行、作战策略以及搜救等科目的培训项目，并举办了关于军事法律、军事医学和海上与空中搜救的论坛。第三，演习科目设置越来越具有战略导向性，在注重完成核心使命之外，还更加注重彰显美国亚太“再平衡”战略，体现出美国加强介入南海事务的计划。

（三）“太平洋伙伴计划”联合军演

“太平洋伙伴计划”联合军演始于2006年，是印度洋和亚太地区规模最大、基于人道主义和灾难救援目标的军演，每年由美国海军太平洋舰队同域内各国政府、军事力量以及人道主义组织和非政府组织联合开展。2016年夏季将举行第11次军演。该系列军演旨在加强域内各国军事力量、政府、人道主义组织在救灾过程中的配合与协调，同时为太平洋地区国家提供人道主义、医疗、工程等方面的帮助。自启动以来，该系列军演的规模已经大幅扩大，美国与其他参与国对此军演的兴趣日益增大，投入的资源越来越多，开展的活动日益复杂。通过“太平洋伙伴计划”联合军演，美国与其他参与国建立了一个从太平洋的所罗门群岛和密克罗尼西亚群岛到印度洋的庞大网络，在促进美国与这些地区的伙伴关系的同时也把南海以及西太平洋地区牢牢地置于其覆盖之下。

（四）“环太平洋”联合军演

“环太平洋”联合军演始于1971年，是国际上规模最大的多国海上联合军演之一，每两年举行一次，通常在6、7月，地点集中在夏威夷附近海域。该联合演习的独特性在于与训练项目相结合，巩固美国与亚太各国的军事伙伴关系，有效提升参与国军事力量之间的协调性和战术能力，和迅速开展大规模军事行动的能力。韩国、美国、澳大利亚、加拿大、智利、英国、日本等国均参与了这一多国联合海上机动演习。2014年的“环太平洋”军演共有22个国家参与，中国海军首次受邀参与。2016年6月至8月，中国第二次应邀参加了在夏威夷海域举行的“环太平洋”军演。

表2-4显示了近7年来“环太平洋”联合军演的总体情况。首先，参与的国家、舰船和人员逐渐增加，反映出这些地区的国家与美国的合作关系日渐加深。其次，除了救援行动之外，“环太平洋”联合军演的军事目的日益凸显，体现出美国对地区安全环境关注程度的提升。第三，日本的重要性不断加强。在美国支持下，日本在军演中的领导角色逐渐显现。

表2-4 “环太平洋”联合军演的参与国、资源和活动（2010-2016年）

年份	参与国	投入资源 主要活动
2016	26	40 多艘舰艇，200 架飞机，2.5 万人。 军演主题：“能力、适应性、伙伴” 参演军队进行了大范围的能力演练，从复杂作战到海洋安全行动、海上封锁、人道主义救援救灾。演练大纲包括：两栖作战演练、炮击、导弹演习、反潜作战、防空演习，以及反海盗、扫雷行动、爆炸军械处理、潜水打捞作业等。 独特活动：（1）美国国防部的所有合作伙伴国接入网络为参演国提供了信息共享和合作的社交网站，在保持参演国间沟通畅通中发挥了重要的作用。（2）中国派遣了“西安”号导弹驱逐舰、“衡水”号导弹护卫舰、“高邮湖”号综合补给舰、“和平方舟”号医院船和“长岛”号潜艇救援舰，以及 3 架舰载直升机、1 个特战分队、1 个潜水分队，共计 1200 人参加了演习。参演兵力在 26 个参与国中仅次于美国和加拿大。
2014	22	48 艘水面舰艇，6 艘潜艇，200 多架飞机，2.5 万人，为期 37 天。 军演主题：“能力、适应性、伙伴”。 独特活动：（1）日本在情景驱动的人道主义援助和救灾演习中发挥领导角色。（2）中国海军参加 2014 年“环太平洋”联合军演。中国之前仅在 1998 年派遣过军事观察员参与该系列军演。中国参演兵力由导弹驱逐舰海口舰、导弹护卫舰岳阳舰、综合补给舰千岛湖舰以及和平方舟医院船等组成，此外还有一个潜水分队在内共计 1100 人。
2012	22	32 艘舰船（包括航空母舰）、6 艘潜艇、200 架飞机和 2.5 万人。 基于城市地形的多军种军事演习、实弹演习、地对空作战、空对空导弹攻防演练、地对地作战、两栖攻击、临检拿捕、爆炸军械处理、搜救演练、空中加油演练和扫雷行动。 独特性：（1）为快速应对自然灾害和提供人道主义援助和救灾的训练；（2）“环太平洋”联合军演的部分海军和空军演习项目由国际伙伴指挥；（3）采用“大绿色舰队”，一些水面舰艇和飞机采用混合生物燃料。
2010	14	32 艘舰船、5 艘潜水艇、170 余架飞机和 2 万人。 实弹射击和导弹演习、海上封锁、临检拿捕、反舰作战、水下作战、海军演习、防空演习、爆炸军械处理、潜水打捞作业、扫雷行动、两栖登陆、情景驱动演习。

资料来源：美国国防部和海军官网。

美国在亚太，尤其是南海和西太平洋地区的军事演习已成为其亚太“再平衡”战略的重要体现和支撑（见表2-5）。近年来，这些军演活动规模不断扩大、投入力量不断增多，实现双边演习多边化、多边演习扩大化。美国的地区同盟和伙伴都积极参加或介入了这些演习。美国在巩固地区传统同盟关系的同时，还积极拓展与越南、新加坡、马来西亚等新型伙伴的安全合作，无论是参演国数量还是兵力投入都不断攀升。演习科目种类齐全并呈现出复杂化态势，既有针对非传统安全的人道主义救援演习；也有旨在促进作战能力的军事化演习；既有指挥所演习，也有实兵演练；既有例行性演习，也有临时性演习。尤其是近年来演习的军事化目的日益增强，演习内容也主要集中于地面作战、空中作战、海上作战、反导作战、特种作战、电子战、网络战等各类科目。此外，大规模和正式的演习通常包括联合培训项目。

表2-5 美国及其盟友在亚太地区的其他军事演习

名称	参加国	频率	军演地区
太平洋城堡	美国	一年一次	关岛及其附近海域
	演习始于2012年。内容包括解除炸弹威胁、排除可疑包裹活动，对排爆技术人员、安全部队、消防和应急技术人员的能力培训。		
登陆演习	美国	一年一次	夏威夷及其附近海空域
	演习始于2015年。旨在彰显和提高美军登陆作战能力，培训埃塞克斯航母水陆两栖战斗群，使其能够部署到西太平洋和阿拉伯海地区。		
黎明闪电	美日主导	两年一次	美日及其海空域海
	演习始于2010年。情景驱动演习和训练，提升海军和海军陆战队两栖特遣部队行动能力。另有墨西哥、新西兰、澳大利亚、哥伦比亚和智利等五国作为观察员参与。		
英勇盾牌	美国	不定期	关岛及其附近海空域
	演习始于2006年，属于野外训练演习，重点是美国军队之间的联合训练协调能力。中国、印度、新加坡、日本、澳大利亚、韩国、俄罗斯、印尼和马来西亚等国曾被邀请派员观察。		
混编航行	美国、日本	一年一次	关岛及其附近海域
	演习始于2009年。通过海上搜寻、固定、跟踪和应对等手段巩固和提高现实世界水陆空域持续作战能力。		
利剑	美国、日本	两年一次	日本及其附近海域
	演习始于2002年，与“利刃”交替举行。属于野外演习训练。目的在于联合训练日本防御能力。		

<table>
<tr><td rowspan="2">利刃</td><td>美国、日本</td><td>两年一次</td><td>日本及其附近海域</td></tr>
<tr><td colspan="3">演习始于2001年，与“利剑”交替举行。属于联合指挥训练。目的在于训练和提高遭遇危机时的指挥和控制能力。</td></tr>
<tr><td rowspan="2">鹞鹰</td><td>美国、韩国</td><td>一年一次</td><td>韩国及其海域</td></tr>
<tr><td colspan="3">演习始于1997年。通过野外训练展示韩美军事决心，防止朝鲜半岛战争，提高联合作战能力。</td></tr>
<tr><td rowspan="2">乙支自由卫士</td><td>美国、韩国</td><td>一年一次</td><td>韩国及其海域</td></tr>
<tr><td colspan="3">演习始于1968年开始的“太极演习”，1969年改名为“乙支演习”，1976年起成为“乙支·焦点透镜”演习的一部分，2008年起改为现名。属于联合指挥训练。演习主要针对朝鲜对韩国的威胁。</td></tr>
<tr><td rowspan="2">菲布莱克斯</td><td>美国、菲律宾</td><td>一年一次</td><td>菲律宾及其海域</td></tr>
<tr><td colspan="3">海军陆战队训练，主要包括工作人员规划演习、实地训练演习以及人道主义和民事援助项目，旨在维持并加强美菲双边框架以有效地应对地区人道主义危机。日本曾作为观察员参加。2015年为其第31次演习。</td></tr>
<tr><td rowspan="2">护身军刀</td><td>美国、澳大利亚</td><td>两年一次</td><td>美澳及其海域</td></tr>
<tr><td colspan="3">演习始于2005年。致力于提供救灾和人道主义援助，并提高协同操作能力和参与其他任务的能力。</td></tr>
<tr><td rowspan="2">马拉巴尔</td><td>美国、日本、印度</td><td>一年一次</td><td>印度洋、太平洋、日本海域</td></tr>
<tr><td colspan="3">演习始于1992年。起初为美印双边军演。日本于2015年加入后成为三边演习。属于海军运动训练，包括专家和航母战斗群操作的专业交流，海上巡逻和侦察行动，反海盗行动，登船搜查活动。</td></tr>
<tr><td rowspan="2">对抗虎</td><td>美国、新加坡、泰国</td><td>一年一次</td><td>新加坡、泰国及其空域</td></tr>
<tr><td colspan="3">演习始于2002年。内容包括空军战术研讨和实地飞行训练。</td></tr>
<tr><td rowspan="2">金色眼镜蛇</td><td>美国、泰国以及来自亚太地区的其他33国家</td><td>一年一次</td><td>泰国及其海域</td></tr>
<tr><td colspan="3">演习始于1982年。最初只由美泰两国参加，后范围逐渐扩大。</td></tr>
</table>

资料来源：美国国防部和海军官网。

第三章

同盟伙伴关系与军事合作

一、与同盟国的军事合作关系

（一）美国与日本的军事同盟

深化美日同盟关系一直被美国视为对日基本政策，也是美国亚太同盟体系稳定的轴心。日本军事武器技术先进，经济实力强大，且在地缘上距离南海地区较近，因而被美国视为最可靠的军事伙伴，也为美国增强对南海局势控制能力，维系亚太地区的主导权提供有力支持。

1951年9月，美国与日本正式缔结《美日安全保障条约》，获得在日本国内陆海空军驻扎权；1952年2月，两国又补充签订《美日行政协定》，规定驻日美军的地位及特权，明确日本向美军提供基地和设施，承认美国使用、管理和保卫这些基地及设施的权利。“冷战”结束后，为强化在日本的军事存在，美国与日本先后4次修改《美日防卫合作指针》，逐步扩大联合防卫范围。2015年4月，该指针再次修订，美日将共同应对范围从现在的“日本周边”扩大至“全世界”。

目前，美国在日本有百余个专用军事基地及设施，驻有约5万名军人，配备大量先进的武器装备。美驻日海军常年保持一个航空母舰战斗群和一个两栖攻击舰战斗群，2015年10月，用较新的核动力航空母舰“罗纳德·里根”号替换“乔治·华盛顿”号。美空军还将“鱼鹰”、F-22、F-35、“全球鹰”等先进军机部署于日本。

除在日本部署军事力量外，美国还向日本大量出口武器装备。2014年日本向美国采购军事装备的金额为1873亿日元，到2015年增至4705亿日元，增加了约2.5倍，主要用于采购5架“鱼鹰”运输机和6架F-35A隐形战斗机。2016年日本又安排4858亿日元从美国购买最新武器装备，其中计划用367亿日元采购3架“全球鹰”无人侦察机。

近年来，日本通过与南海周边国家举行联合军演的形式逐渐加大对南海地区事务的介入力度。2000年11月，日本派遣巡逻舰访问马来西亚，并与其举行了反海盗军事演习。此后的两年中，日本又同菲律宾、印尼和文莱举行了类似的反海盗军事演习。2005年，日本参加“金色眼镜蛇”军事演习，进一步密切了与东盟国家的军事合作关系。同年，日本与新加坡、印尼等国开展海上联合训练，共同应对马六甲海峡的海盗袭击。2009年，日本派遣两艘驱逐舰访问越南。2015年5月，日菲在马尼拉湾与苏比克湾之间的海域举行了首次海上联合军演；6月再次在南海举行联合军演；8月，日本海上自卫队舰艇首次参加美国在菲律宾沿海举行的海上人道主义救援演习。菲律宾时任总统阿基诺三世表示，菲方正准备与日本启动“部队访问协定”谈判，以允许日本自卫队飞机和舰船使用菲律宾的基地加油、补给，便于日本自卫队扩大在南海的活动范围。2016年4月，日本派舰艇停靠越南金兰湾和菲律宾苏比克湾。同时，美国亦不断拉拢日本加入其主导的南海巡航计划。

（二）美国与韩国的军事同盟

韩国是美军在亚洲驻军数量仅次于日本的国家。美韩于

1953年10月签署了《美韩共同防御条约》，规定韩国给予美国在其领土以内及其周围部署陆海空部队的权利。1966年7月，美韩双方又签订了《驻韩美军地位协定》。该协定与1991年11月签订的《战时支援协定》共同构成美韩同盟完整体系。

2015年6月，美国批准以19.1亿美元的价格向韩国出售3套“宙斯盾”作战系统、3套MK-41垂直发射系统、3套通用数据链系统、3套AN/UPX-29敌我识别器，以及相关备件和维修部件、装备资料、训练装备、人员培训等。同年11月，美国又批准向韩国出售总价值1.1亿美元具有陆上目标攻击能力的新型“鱼叉”式导弹，以体现美国支持韩国海军发展和重视深化美韩同盟。此外，组建美韩联合师团也是美国强化美韩同盟的重要举措。2015年1月，美韩联合师团参谋部成立；同年6月，美韩联合师团正式组建，由驻韩美军第8集团军第2步兵师和韩国陆军第8机械化步兵师共同组成，极大提高整体协同作战能力。

2016年3月，美国以应对朝鲜导弹威胁为名，宣称与韩国就部署末段高空区域防御系统（“萨德”反导系统）达成协议。同年5月，韩国国防部长韩民求表示，韩美双方已决定由美方承担“萨德”部署和运作费用，韩方将提供地皮和相关设施，“萨德”反导系统部署进入实质阶段。“萨德”反导系统覆盖范围，特别是其使用的AN/TPY-2型X波段雷达监测范围远远超出朝鲜半岛防卫需求，深入亚洲大陆腹地，直接损害包括中国在内的本地区国家的战略安全利益。

（三）美国与菲律宾的军事同盟

长期以来，菲律宾一直是美国在亚洲的重要盟友。菲律宾特殊的地理位置，成为美国进入东南亚的跳板和实施亚太“再平衡”的重要支点。

美菲同盟建立在一系列双边条约协定之上。早在1946年二战结束后，美国与菲律宾就签署了《美菲军事协助条约》，美国租用菲律宾苏比克海军和克拉克空军基地。1951年8月，美菲签订了《共同防御条约》，明确规定双方共同应对危险的义务。1998年，双方又签署了《访问部队协议》，以灵活方式增加美军在菲长期军事存在。2014年4月，美菲签署为期10年的《强化防务合作协议》，进一步深化军事合作，菲律宾允许美国军队突破菲宪法限制，以轮换部署的方式使用其军事基地。此举标志着美菲战略协作关系取得实质性进展。

根据《强化防务合作协议》，美国部队获准以轮驻方式进驻菲律宾领土内双方的“协定区域”，开展包括演习、训练和除核武器之外的军事物资预置等在内的活动。这是继2013年开始在新加坡部署濒海战斗舰后，美国强化南海军事存在的又一突破。美国在菲律宾的军事存在藉此实现了由临时性协商到常态化驻扎的转变。2014年2月，美国时任海军作战部长乔纳森·格林纳特在菲律宾国防大学回答提问时明确表示，如菲中在南海发生冲突，美国将支持菲律宾。近年来，美菲双方不断就如何增强美国在菲律宾的军事存在进行密切磋商，包括修建更多的港口和机场供美军停留、补充燃料和维修，增加联合军事演习、训练、舰机访问及相关活动的次数和频率。

如前所述，2016年3月，美菲在年度战略对话后发布联合声明，称美军获准以轮换驻扎的形式使用菲律宾5个军事基地。其中，安东尼奥·包蒂斯塔空军基地靠近中国南沙群岛。美国还将与菲律宾共同改造和扩建上述军事基地。同年4月，美国国防部长卡特访问菲律宾期间，专门视察了安东尼奥·包蒂斯塔空军基地，并称除原先已宣布的5个军事基地外，美军还将谋求进驻更多的菲律宾军事基地。

美国对菲律宾的军事援助也不断增长。2009年至2014年，美国共向菲律宾提供了1.91亿美元的军事援助。2014年以来，美国继续加大对菲律宾的实质性援助。2015年美国将对菲律宾的军事援助调高到7900万美元。2016年3月，美国还拨款5000万美元，用于帮助东南亚国家维护地区海上安全，而菲律宾将获得其中大部分资金，主要用于改进雷达并加强在南海进行侦察和监控的能力。

表3-1 2009－2015年美国对菲律宾军事援助经费一览表

（单位：万美元）

年份	2009	2010	2011	2012	2013	2014	2015
经费	3800	3630	2630	2700	1350	5000	7900

数据来源：美国国务院行政预算总结报告。

菲律宾计划在5年内投入17亿多美元用于从美国购买各种军事装备。自2011年以来，菲律宾已经购买两艘“汉密尔顿”级巡逻舰，还计划购买更多的护卫舰和F-16战斗机。同时，美菲近年来频繁举行大规模双边或多边联合军事演习。美国也在不断拉拢菲律宾加入其主导的南海“航行自由计划”。2016年4月，美国国防部长卡特访问菲律宾时表示，美菲已于3月开始在南海进行“联合巡航”。

（四）美国与澳大利亚的军事同盟

美澳同盟是美国亚太同盟体系非常重要的一环。美国一直视澳大利亚为其南太平洋的“战略之锚”，是美国控制太平洋和印度洋的战略支点。随着美国战略重心转向亚太地区，澳大利亚的战略地位日益突出。对美国来说，获得澳大利亚支持是美国亚太“再平衡”战略的重要组成部分。

2011年11月，美国总统奥巴马与澳大利亚时任总理吉拉德联合发表“军力态势倡议”，称美将于2012年在澳大利亚北部达尔文军事基地轮换部署200-250名海军陆战队员，每半年轮换一次；同时，澳大利亚允许美军机使用澳空军基地。2013年11月，美澳发表原则声明，进一步明确扩大安全合作演习、联合训练活动等防务与安全合作。2014年美澳正式签署为期25年的《军力态势协议》，为美在澳驻军提供了法律基础。

根据美澳《军力态势协议》，美国在澳大利亚达尔文军事基地轮驻的海军陆战队员将在未来数年内增至2500人左右。达尔文将成为美国实施亚太“再平衡”战略的前沿部署基地和大规模军事指挥中心。同时，澳大利亚将向美军开放更多的军事训练基地和军港。

美国空军在澳大利亚的军备扩充计划将包括部署B-52战略轰炸机、F／A-18战斗机、C-17 运输机以及空中加油机等，它们将驻扎在澳大利亚空军廷达基地。未来预计有更多的美军舰，包括核动力潜艇等可能会停靠位于澳西部的澳海军斯特灵基地。此外，美军还将使用澳陆军布拉德肖和邦迪山训练基地、澳空军达尔文基地以及德拉米尔空军武器靶场等。美国还与澳大利亚就将澳海军军舰纳入亚太导弹防御系统展开讨论。

美澳之间还加强了情报共享与合作关系。目前，美国在澳大利亚部署了一些专门用于监听印度洋和太平洋两个方向的大型无线电监听站。奥巴马政府又着手考虑将“全球鹰”无人侦察机派驻至澳大利亚，重点加强对南海地区的监视侦查。两国在太空和网络安全领域也加强了合作。

美澳还通过军演加强同盟关系和军队之间的协同作战能力。美澳双边“护身军刀”联合军演始于 2005 年，每两年举行一次，目的是将美国第七舰队和澳大利亚联合作战司令部所辖部队训练成为一支联合特遣部队。该联合军演参加人员涵盖美澳海、陆、空军及海军陆战队，由美军参谋长联席会议直接组织协调，并由美军太平洋司令部司令或太平洋舰队司令担任总指挥。同时，美国还极力撮合美澳和美日军事同盟成为三边军事同盟。2015年7月，美澳在达尔文举行大规模联合军演。日本首次派兵参加，演习科目包括海上实弹射击和登岛作战等，针对中国的意图明显。

（五）美国与泰国的军事同盟

美国和泰国分别于1954年、1962年签订了《东南亚集体防务条约》和《美泰外长联合声明》两份文件，奠定了同盟框架，泰国还享受美国“非北约”盟国待遇。随着美国亚太“再平衡”战略逐步实施，以及美泰同盟关系进一步深化，双方于2012年签订《美泰防务同盟共同愿景声明》，强化同盟关系。泰国的武器装备主要从美国进口，如泰空军的F-16战斗机、C-130运输机等。此外，20世纪80年代以来，美泰联合军演逐步制度化，主要包括“金色眼镜蛇”、“卡拉特”联合军演。

二、与伙伴国的军事合作关系

（一）美国与新加坡的军事合作

凭借特殊的地理位置，新加坡一直被美国视为其在亚洲的重要伙伴。1990年11月，美新双方达成防务合作协议，新加坡对美国开放樟宜海军基地和巴耶利巴空军基地。美国由此获得在南海地区最大和最重要的立足点，平均每年有100多艘舰艇停靠新加坡。

美国与新加坡保持着长期的军事贸易关系，先后向新加坡出售了F-16C/D战斗机、KC-135R空中加油机、远程空射“鱼叉”反舰导弹等武器装备，以提高新加坡军事能力。2012年6月，美国和新加坡达成协议，从2013年开始在樟宜海军基地部署濒海战斗舰，并计划到2017年达到4艘。2015年12月，美国与新加坡签署《加强防务合作协议》，美国据此首次在新加坡部署P-8A反潜巡逻机。此外，美国与新加坡每年都举行例行性军事演习。

（二）美国与越南的军事合作

近年来，美国持续推进改善与越南的军事安全关系。2011年8月，美越海军签署了一份有关军事医疗合作的协议，这是美越自1995年关系正常化以来签署的第一份军事合作协议。2012年6月，美国国防部时任部长帕内塔访问金兰湾，成为自越南战争结束后访问金兰湾的首位美国防长。2014年10月，美国政府宣布解除对越南长达40年之久的非杀伤性武器禁运；2016年5月，奥巴马总统访问越南期间宣布全面解除对越南长达50年之久的武器禁运。

美国还试图通过加大对越南的军事培训和军事援助，增强越南军事能力。进入新世纪以来，美国向越南提供的军事培训和援助经费逐年增长，前者军事培训经费从2004年的33万美元，增加到2010年的74万美元，增长了124%；后者从2009年的50万美元骤增至2010年的200万美元。2013年，美国国务卿克里访问越南时宣布向越南提供1800万美元的援助，并提供5艘高速海岸巡逻艇。2015年6月，美国国防部长卡特访问越南时，承诺向越南提供1800万美元援助，助其购买美制海岸警卫巡逻艇，以增强其海上防御能力。

美国还不断深化与越南的联合军事活动，两国军舰互访频繁，海上军事互动加强。美国国防部2010年版《四年防务评估报告》将美越关系定位为“全面伙伴关系”。近年来，美海军多艘舰艇访问越南，同越南海军展开交流活动。美越还每年举办一次双边“非战斗性”演习，2010年以来，越南先后参加了美国主导的“太平洋伙伴计划”、“金色眼镜蛇”和“卡拉特”等联合军事演习。美国还同越南达成协议，允许美舰艇在金兰湾进行停靠和补给。

（三）美国与马来西亚的军事合作

美国每年同马来西亚进行“卡拉特”联合军演，并帮助其建立雷达站，以加强对南海海域海盗活动的监控。2013年8月，美国国防部时任部长哈格尔访问马来西亚时，进一步表达了巩固“双边军事安全合作关系”的意愿，并强调美国将继续为马来西亚提供军事方面的援助，帮助马来西亚提高在人道主义、灾后救援、维护和平、海上安全以及反恐等方面的应对能力。2014年9月，美国时任海军作战部长格林纳特表示，马来西亚已允许美国海军P-8A侦察机从马来西亚东部的空军基地起飞。尽管随后美军方发言人否认了这一说法，但可看出美国一直在努力寻求使用马来西亚军事基地，以更方便其对南海有关海域进行侦察。

第四章
南海安全形势及美国南海政策

一、南海地区安全形势

2002年中国与东盟十国共同签署《南海各方行为宣言》以来，有关各方为管控海上分歧、化解矛盾、增进互信进行了一系列努力。南海有关争议虽仍存在，但南海形势总体保持稳定。然而，2010年以来，受美国等域外国家不断加大介入南海问题的力度，部分域内国家借机巩固和强化其单方面主张等因素影响，南海问题持续升温，并呈现出地区化、国际化、复杂化、扩大化的态势。原本单纯的岛礁领土问题和海洋管辖权争议逐渐向资源开发、海权争夺、航道管控等领域拓展，同时也被域外国家赋予了过多的地缘政治色彩和军事安全考量。美国在南海挑起的中美博弈成为南海问题的“新主线”。

美国持续推进亚太“再平衡”战略，保持在南海地区的活跃态势，一方面推动有关南海声索国和地区国家对中国形成统一立场，持续炒作并指责中国在南海正当的维权行动，支持菲律宾时任政府单方面提起的南海仲裁案；另一方面，不断派遣军舰机进入南海炫耀武力，抵近甚至进入中国南海有关岛礁邻近海空域进行挑衅，引发中美海上摩擦冲突可能性有所上升。可以说，美国已成为影响当前南海局势变化的最重要因素，同时凭借强大的军事力量介入南海问题也是美国的不二选择。美国此举旨在维护其长久以来在本地区建立的军事霸权，同时对本地同盟和伙伴予以安抚，确保美国在本地区的主导权不受挑战。

与此同时，菲律宾、越南等国家也不断增加军费开支，加大军购力度，加速南海地区海空力量部署和军事基地建设，并不断在政治上和军事上向美国等域外国家靠拢，企图以此固化其非法所得或攫取更多的非法利益。

应菲律宾时任政府单方面请求建立的南海仲裁案仲裁庭于2016年7月12日作出最终裁决，否定中国在南海的领土主权及海洋权益，否定中国和地区国家长期以来达成的通过谈判协商解决南海有关争议的协议，否定《南海各方行为宣言》这一行之有效、维护南海和平稳定的地区规则的效力，裁决将不可避免地对本已有所升温的南海局势造成进一步冲击，使有关问题更趋复杂和敏感。有关方面围绕南海的既有博弈恐将更加剧烈，南海地区安全形势也将面临更大的挑战。

二、美国的南海政策

（一）美国南海政策的演变

美国以自身利益诉求为导向，根据不同时期国际环境变化和全球战略布局，不断调整其南海政策，以维护其亚太地区主导权。在当前美国全球战略重心东移、持续推进亚太“再平衡”战略的大背景下，南海问题在美国对外政策中的重要性日益凸显。2016年7月，美国白宫国安会亚洲事务高级主任康达甚至公开表示，南海事关美国最高国家利益。

东南亚一直是美国在亚太地区的重要战略前沿。1898年，美国通过美西战争夺取菲律宾，菲律宾自此便成为美军在亚太地区的战略支点之一。第二次世界大战后，美国加大在菲律宾的军事部署，与菲律宾先后签署了《美菲军事基地协定》、《美菲军事援助协定》，取得了菲律宾军事基地的使用权。“冷战”时期，南海地区成为美苏争霸的战略前沿，在美国全球战略布局中的地位逐渐凸显。20世纪70年代至“冷战”结束初期，在美苏争霸的背景下，美国为维系自身利益，对南海有关争议采取了相对中立和超脱的态度。菲律宾一直寻求将与中国在南海存在的争端纳入《美菲共同防御条约》框架内，但直至“冷战”结束初期，美国仍坚持“对南沙群岛不负有特殊责任”的既定立场。1974年1月，中国驱逐了入侵西沙群岛珊瑚岛和甘泉岛的南越西贡当局军队，美国对此总体保持沉默。1988年3月的“赤瓜礁事件”中，美国国务院时任助理国务卿斯顿·西古尔曾公开表示美国不对该争端表态，不支持任何一方。事实上，1995年以前，南海问题也很少成为美国国务院新闻发布会和国会听证会的话题。

“冷战”结束后，美国成为全球唯一的超级大国，在全球军事安全环境趋于缓和的大背景下，美国对南海问题也未予太多关注。1995年“美济礁事件”后，美国对南海问题的关注程度开始发生变化。当年5月，美国政府发表《南沙群岛与南海政策声明》，首次明确了美国在南海的利益及相关政策立场。其中包括：第一，美国反对使用武力；第二，维持航行自由和符合国际法的海上行动自由是美国的根本利益；第三，美国在维持这一地区和平与稳定方面有始终不变的利益；第四，美国对相互竞争的领土要求的法律优劣不持立场。1996年，针对中国宣布大陆领海的部分基线和西沙群岛的领海基线，美国国务院先是于当年7月发表《海洋界限——中国的直线领海基线主张》报告，继而于8月照会中方，对中国采用直线基线法进行指责。1997年9月，美国和日本就《美日防卫合作指针》达成协议，确定将南海地区纳入美日安保范围。虽然这一时期美国仍宣称在南海问题上不持立场,但这一系列举动表明其南海政策已由“中立”向“有限介入”转变。

进入21世纪后，美国对南海问题的关注有增无减，通过参与东盟地区论坛、与有关声索国在争议海域开展联合军演等方式不断加大介入南海问题力度。2010年以来，美国的南海政策日趋强硬，在保持政治外交干预的同时，不断加大军事介入力度，甚至直接走向“前台”，“选边站队”迹象愈发明显。

2010年7月，美国时任国务卿希拉里·克林顿在越南河内举行的第43届东盟地区论坛外长会议上公开宣称“美国在航行自由问题上、在南海地区尊重国际法等方面拥有国家利益……美国在相互竞争的对南海岛屿的领土争端中不选边，但美国认为有领土要求的国家应根据《联合国海洋法公约》来追求其领土要求和与此相应的海洋和空间权利。”这一讲话被普遍认为是美国南海政策的转折点，美国开始在实际层面鼓动和支持部分南海声索国采取更加强硬的立场。2011年11月，克林顿国务卿参加《美菲共同防御条约》签署60周年纪念仪式时表示，美国不站在任何一种领土主张的一边，但会帮助菲律宾保卫海上边界。2014年2月，美国国务院助理国务卿丹尼尔·拉塞尔在众议院作证时指责中国的南海断续线主张“缺乏国际法基础”，“影响了地区的和平与稳定”，要求中国予以澄清。同年5月，奥巴马总统出席西点军校毕业典礼时声称，美国已准备好应对中国在南海的“侵略”行为。此后，美国又相继提出“冻结南海各方行动”和“三个停止”的倡议，试图阻止中国合法、合理的维权举措。同年12月，在菲律宾南海仲裁案仲裁庭要求中国就菲律宾的诉状提交答辩状期限届满的同一天，美国国务院发表《海洋界限——中国在南中国海的海洋主张》报告，对中国南海断续线主张提出各种臆测和指责。

美国还以行使航行自由为名，持续增加和扩大在南海的情报搜集、抵近侦察、联合军事演习等军事活动的频率和范围，并通过政治、外交、军事等各种手段，加大对菲律宾、越南等声索国的支持。美国个别军政高官甚至多次在中菲有关岛礁领土争议问题上公开支持菲律宾，美国“选边站队”愈发露骨。

此外，美国还极为关注中国在南沙群岛有关进驻岛礁的建设活动。美国国防部2016年5月发布的年度《中国军事与安全发展态势报告》大篇幅谈及南海岛礁建设问题，指称中国在南沙群岛“人工造岛”的面积达到3200英亩（约12.9平方千米），在3个大型岛礁上修建长约9800英尺（约2980米）的飞机跑道，大型港口、通讯与监控系统等将使中国大大增强在南海的长期存在，“尽管人工岛礁并不能为中国在南海提供任何额外的领土与海上权利，但中国可以将这些新造的岛礁作为长期的军民两用基地，以显著提高中国在南海的存在并提高控制这些地貌及其附近海上空间的能力”。报告指称中国正在南海采取“强权策略”，通过精心计算的方式增加在南海的长期存在，但又使之达不到引发冲突的程度，从而推进自身利益。中国有关建设活动“正在接近——而非越过——引发与美国及其盟友和伙伴或亚太其他国家进入公开冲突的门槛”。

（二）美国在南海的利益与目标

2009年以来，美国加强对南海的战略规划和设计，并逐步清晰化其在南海的利益和目标。如前所述，2012、2013年，美国两任国防部长出席香格里拉对话会议时，先后提出将在2020年前把60%的海军舰艇和本土以外60％的空军力量部署在亚太地区。美国国防部2014年版《四年防务评估报告》重申“两个60%”的军力部署目标的同时，进一步明确了“对亚太地区和平与稳定的承诺需要一种能够慑止侵略、在所有领域有效作战、并对危机和突发事件采取果断应对措施的持久能力。”2015年3月，美国海岸警卫队、海军作战部、海军陆战队联合发布《前沿、介入与准备：21世纪海上力量合作战略》报告，明确美国海上力量有五大任务：全域介入、威慑、海上控制、力量投射和海上安全。同年7月，美国国防部首次发布《亚太海洋安全战略》报告，针对性地界定在南海、东海等亚太海域的利益与目标。综上所述，美国在南海利益和目标可归纳如下：

第一，以维护“航行自由”为借口，保持军事优势存在。美国1995年发表的《南沙群岛与南海政策声明》强调，“维护航行自由是美国的根本利益。所有船只和飞机在南海不受阻碍的航行，对于包括美国在内的整个亚洲和太平洋地区的和平和繁荣是必不可少的。”根据美国国务院对美国“航行自由计划”的描述，军事活动是其“航行自由计划”的主要内容之一，其实质是维护美军在包括南海在内的全球所有海域开展空中侦察、海上情报搜集、海上军事演习等军事活动的自由空间和利益。

第二，巩固过时的同盟及伙伴体系。美国主导的亚太同盟及伙伴体系主要形成于“冷战”时期，不仅是美国在亚太地区权力结构的基础，也是美国维护其地区领导能力，保证地区话语权的重要工具。现阶段，维持并巩固与日本、菲律宾、越南等亚太国家的双边同盟及伙伴体系是美国亚太战略部署的最重要利益和目标之一。某些战略分析人士指出，东海与南海有关问题已成为美国能否以及愿否兑现对日本和菲律宾等国承诺的“试金石”。美国2015年公布的首份《亚太海洋安全战略》报告明确指出，强化盟友和伙伴维护海洋安全能力建设是其亚太海洋安全战略的主要目标之一。为此，美国提出，要发展援助基础设施和后勤保障支撑，加强制度建设，强化实战能力，建立足够的海上力量，并将东南亚地区作为美国亚太海洋安全战略的重点，着力提升同盟和伙伴国的海上防务和巡逻侦察能力。总体看来，提供充分的政治外交支持、军力部署和军备援助是美国向盟友和伙伴国展示保护意愿和能力，维持同盟承诺可信和有效的主要方式。

第三，谋求亚太海上军事能力建设的绝对优势。确保对南海的绝对控制是美国维持在亚太地区压倒性战略优势的关键组成部分，包括构建足够的军事基地、保持海空军事力量及投射能力的绝对优势、海上规则和秩序主导地位等。2014年8月，美国海军公布未来5年规划，明确到2020年美国海军部署在太平洋地区的舰艇将由现在的50艘增加到65艘，包括最新的“朱姆沃尔特”级隐形驱逐舰、联合高速船、P-8A反潜巡逻机、EA-18G 电子攻击机等，以及F-35C战斗机等升级版飞机，以搭建“最强大的作战平台”。2015年7月，美国《亚太海洋安全战略》宣布，将于2017年前在新加坡部署4艘濒海战斗舰。此外，2016年以来，美国已经获准使用5个菲律宾的军事基地，其中一个靠近南沙群岛。

第四，力图掌控地区规则制定主导权。一方面，美国宣称支持中国与东盟国家在《南海各方行为宣言》框架下开展“南海行为准则”磋商，通过外交与和平方式解决分歧；另一方面，美国又积极支持菲律宾等南海声索国单方面将有关争议诉诸《联合国海洋法公约》项下的强制仲裁程序。美国至今仍拒不批准《联合国海洋法公约》，却试图利用《公约》争端解决机制，削弱中国与有关国家业已达成和行之有效的通过谈判协商和平解决争议的重要共识，从而谋求掌控南海地区规则制定的主导权。

在美国看来，中国在南海正在进行的大规模岛礁建设恰好印证了其对中国有意实施“区域拒止”战略的猜疑，而这正是奥巴马政府提出和推进亚太“再平衡”战略的预设前提之一。不少国际关系分析家认为，美国不断加大对亚太地区的军力投入，深度介入南海问题，是为了应对中国崛起，维护美国在本地区的主导地位不受削弱。美国已把南海问题当作推进亚太“再平衡”战略的重要抓手，正在通过直接介入南海问题增加中国崛起的成本和代价。

第五章
中美军事交流与合作

一、总体情况

尽管人们普遍认为，美国亚太“再平衡”战略主要旨在牵制和平衡中国的崛起，但奥巴马政府仍高度重视与中国保持和发展两军交流与合作，并将此视为其对华关系和亚太战略不可或缺的组成部分。美国优先在打击海盗、海上搜救、人道主义救援、防灾减灾等非传统安全或双方共同利益突出的领域，以谨慎、有序的节奏与中国军队在亚太乃至全球关键地区开展双、多边务实合作。总体看，美国通过美中军事交流与合作要达到以下目的：一是保持两军高层沟通渠道畅通，遇有重大突发或紧急事件可以及时传递信息，管控危机和分歧；二是直观了解中国国防现代化和新军事变革的进展情况，提升美国对中国军事力量的认知；三是保持美中关系的积极面，服务于美国对华接触政策的战略需要。

同时，中国则致力于在“中美新型大国关系”框架下构建“中美新型军事关系”，这是新时期中国对美政策的重要内涵。这一“新型军事关系”与“新型大国关系”中“不冲突、不对抗，相互尊重，合作共赢”的精神要旨相互呼应和配合。其核心内涵是“互信、合作、不冲突、可持续”，基本目标在于两个方面：一是加强交流与沟通，提升合作水平，增进战略互信；二是加强危机管控，防止矛盾演化为危机，进而干扰构建“中美新型大国关系”大局。因此，即便相较以往两军在南海、东海等敏感问题上的摩擦和较量有所增多，中美两军高层对话渠道和两军重要交流项目并未中断。相反，中美两军对诸如海空相遇规则制订、军舰互访和军事院校交流、联合军演、网络安全对话等领域的交流与合作采取了更加开放、灵活的姿态。

二、高层会晤

习近平主席多次强调，中美在一些问题上存在分歧不可避免，但宽广的太平洋有足够的空间容纳中美两个大国，亚太应该成为中美加强协调和配合的合作社，而不应该成为中美互相角力的角斗场。奥巴马总统也多次表示，美国亚太“再平衡”战略不针对中国，美国欢迎和支持一个和平、繁荣、稳定、在国际上发挥更大作用的中国，有诚意同中国在亚太构建合作而不是竞争的关系，共同维护地区安全稳定。

为落实两国元首达成的重要共识，中美两军间的高层会晤和互访明显增多。近年来，中国中央军委副主席范长龙上将、国务委员兼国防部长常万全上将、中央军委联合参谋部参谋长房峰辉上将等先后访问美国，提出并强调两军应构建“互信、合作、不冲突、可持续”的新型军事关系。美国国防部时任部长哈格尔、参谋长联席会议时任主席马丁·邓普西、太平洋司令部司令哈里斯等也都先后到访中国。两军高层交流的议题涵盖了中美两军关系与务实合作、包括南海和东海问题在内的国际和地区重要问题等众多领域。

值得注意的是，当前形势下，中美海军高层依然保持频繁互动。中国人民解放军海军司令员吴胜利上将与美国前任海军作战部长格林纳特和现任部长约翰·理查德森不仅实现了互访，而且在西太平洋海军论坛、国际海上力量研讨会等多边场合会面交流。他们还建立和保持了及时高效的沟通对话渠道，经常就两国海军务实交流合作和共同关心的话题举行视频通话，深入交换意见。

三、机制性对话

机制性对话是中美两军保持沟通，增进彼此了解，有效管控分歧和深化务实合作的重要平台和渠道。目前，两军已建立的机制主要包括：国防部防务磋商、国防部工作会晤、国防部亚太安全对话机制、陆军交流与合作对话机制及海上军事安全磋商机制。这些机制在保持两军关系稳定发展方面发挥了重要作用。

过去几年来，中美两国国防部围绕以建设性方式管控分歧和处理敏感问题，就建立“重大军事行动相互通报机制”和“海空相遇安全行为准则”进行了多轮磋商。2014年11月，中美两国元首共同宣布，双方完成了两个互信机制文本的签署。2015年9月，两国国防部正式签署“重大军事行动相互通报机制”新增“军事危机通报”附件以及“海空相遇安全行为准则”新增“空中相遇”附件。至此，《中美关于海空相遇安全行为准则谅解备忘录》及其3个附件——《海空相遇安全行为准则术语》、《舰舰相遇安全行为准则》、《空中相遇安全行为准则》全部完成。双方并同意继续就“重大军事行动相互通报机制”的其他附件进行磋商，这是中美两军落实两国元首共识的重要举措，也是加强了解彼此战略意图、增进战略互信和管控危机、预防风险的重要步骤。

1998年1月，中美两国国防部共同签署《关于建立加强海上军事安全磋商机制协定》。截至2015年12月，中美两军在此框架下共举行了12次年度会晤、21次工作小组会议和2次专门会议，就中美海上军事安全问题及相关案例、航行自由、“海空相遇安全行为准则”的执行与评估、中美亚丁湾反海盗演习等议题进行对话和交流。

除双边渠道外，中美两军还在亚太多边安全对话机制框架下加强协调与合作。2014年4月，在中国海军承办的第14届西太平洋海军论坛年会上，中美两国海军共同推动通过了研究讨论16年之久的《海上意外相遇规则》。这成为西太平洋海军论坛发展史上重要的里程碑事件。该规则对海军舰机海上意外相遇时的海上安全程序、通信程序、信号简语、基本行动指南，以及规则本身的法律地位、适用范围等都做出了规范，对于减少和平时期各国海空军事行动的误解误判，避免海空意外事件，维护地区稳定具有积极意义。规则通过后，中美两国海军积极执行落实，并开展了多次演练。

四、务实合作

中美之间尽管存在需要妥善处理的敏感问题，但仍拥有广泛的共同利益。深化各领域务实合作，成为双方稳定和发展两军关系、应对地区和全球性挑战的共同选择。

（一）联合演习演练

近几年，中美两军联合演训活动从双边拓展到多边，科目更为多样化，难度逐步提高，军事合作达到了新高度。

在非传统安全领域，两军合作在以往海上联合搜救演习的基础上，拓展到了反海盗、人道主义救援减灾等领域。2012年9月，中美在亚丁湾海域举行首次反海盗联合演习，演练了两军混合编组突击小队乘小艇、直升机登临被劫商船、抓捕海盗等科目；2013年8月举行的反海盗演习，演练了轻武器射击、主炮对海射击、联合临检拿捕、联合武力营救等一系列科目，两军直升机更是互降对方军舰；2014年12月举行的演习，设置了实弹射击、直升机夜间对海上目标跟踪监视、联合武力营救被劫商船等科目，并采取现场联合指挥方式协同指挥兵力行动。

人道主义救援减灾首次实兵演练于2013年11月在美国夏威夷举行，双方参演人员联合组织了生命搜索、狭窄通道和高空救援、医疗救护等演练。双方2015年1月在中国海口再次举行实兵演练，采取两军部队混合编组、联合作业的方式，重点演练了灾情勘察、水上救援、快速修复受损基础设施、生命搜救、医疗防疫、受灾民众转移安置等6个课目。2015年11月，第三次演练在美国西雅图举行。双方以假想第三国遭受重大自然灾害为背景，向受灾地区派出军队，实施人道主义救援。

在多边领域，最引人关注的是2014年中国海军首次受邀参加2014年度“环太平洋”联合军事演习。6月至9月，中国海军派出由“海口”号驱逐舰、“岳阳”号护卫舰、“千岛湖”号综合补给舰和“和平方舟”号医院船组成的中国舰艇编队赴夏威夷，参加了轻武器及火炮射击、海上横向物资传递、损管救援、舰艇编队运动、反海盗和海上拦截行动、跟踪监视商船、直升机与舰艇协同突击、拖带救援被劫商船、多船协同拦截和登临、转移受灾人员等多个科目的演习，“和平方舟”号医院船还与美国海军“仁慈”号医院船开展了军事医学交流。演习结束后，中国海军171编队还访问了美国圣迭戈。此外，2014年2月，中国军队还首次派实兵参加了美国与盟国举行的“金色眼镜蛇”年度多边联合演习。

尽管中美在有关涉海问题上存在较大分歧，中国海军仍再次应邀参加2016年度“环太平洋” 联合军事演习。同年6月，由“西安”号驱逐舰、“衡水”号护卫舰、“高邮”号综合补给舰、“和平方舟”号医院船、“长岛”号综合援潜救生船等组成的中国舰艇编队，赴美国夏威夷参加军演。根据演习计划安排，中美两国海军舰艇开展了编队队形变化、通信操演、吊放小艇、占领阵位、海上补给、应急情况处置及主炮对海射击等科目训练。同时，中国海军还将参加火炮射击、海上补给、损管救援、反海盗、舰机协同突击、搜索救援、潜水、援潜救生等科目演练。

（二）舰艇互访

近年来，中美两国海军舰艇访问不仅频度增加，而且在访问区域上也有所突破。中国海军舰艇首次访问美国东海岸，美国海军舰艇也在一年内分别到访了中国海军北海、东海、南海三个舰队。

2015年11月，由中国海军“济南”号驱逐舰、“益阳” 护卫舰和“千岛湖”号综合补给舰组成的舰艇编队访问美国佛罗里达州杰克逊维尔—梅波特港，这是中国海军舰艇首次访问美国东海岸。访问期间，双方互相参观舰艇，并在大西洋海域组织了《海上意外相遇规则》使用、编队运动、联合搜救等科目的演练，这是两国海军首次在大西洋组织联合演练。几乎同时，中国海军“和平方舟”号医院船访问美国西海岸的圣迭戈。此外，同年10月，中国海军“郑和”号训练舰到访美国夏威夷，出访官兵参观了美国海军舰艇，并与美国海军官兵进行了友好体育比赛。

同年4月，美国海军“蓝岭”号两栖指挥舰访问湛江，与中方海军 “井冈山”号 两栖船坞登陆舰举行了以通信联络、舰艇编队运动、海上联合搜救为主要内容的联合演练。双方首先就《海上意外相遇规则》的理解和使用进行通信操演，随后两舰轮流担任指挥舰，组织演练了编队加减速、队形变换等编队运动科目。双方还开展了舰机联合搜救落水人员、离舰损管等科目演练。7月，美国海军“斯特蒂姆”号驱逐舰结束访问青岛后，与中国海军“烟台”号护卫舰在青岛外海举行了编队通信、编队运动、海上联合搜救等科目的联合演练。11月，“斯特蒂姆”号驱逐舰访问上海后，与中国海军“徐州”号护卫舰在长江口附近海域举行了灯光通信、《海上意外相遇规则》运用及联合搜救三个科目的联合演练。

两国海军舰艇互访也偶有波折。2016年4月，美国海军“斯坦尼斯”号航空母舰申请停靠中国香港被拒。对此，有国际舆论猜测，中方此次拒绝可能与此前“斯坦尼斯”号航母在南海有意炫耀武力有关。中美两国则对此予以低调处理。

（三）院校及人员交流

加强两国军事院校交流、广泛开展学术研讨、加强年轻军官和学员之间的交往，对于加深相互了解、扩大共识、推动两军关系可持续发展具有非常重要的意义。目前，两军建立了多层次的院校交流机制，不仅中国人民解放军国防大学、军事科学院与美国国防大学及相应的机构每年都进行交流，各军兵种院校之间也有交流与互访。例如，2015年6月，美国安纳波利斯海军军官学校校长瓦尔特·卡特中将率5人代表团参观了大连舰艇学院和海军潜艇学院。7月，美国海军战争学院教学研究人员、学员代表等共18人来华访问。

2015年，中美两国海军还首次成功组织了舰艇长代表团互访。2月，中国海军舰艇长代表团访问美国，这是中国海军首次大规模派出一线指挥官与美国海军一线指挥官进行交流。访问期间，美国时任海军作战部长格林纳特在五角大楼与代表团座谈交流，代表团还参观了安纳波利斯海军军官学校、海军水面作战军官学校和海军战争学院，并与水面作战军官学校舰艇长班学员进行了交流互动和专业研讨。10月，美国海军舰艇长代表团访华，中国海军司令员吴胜利上将予以会见，并安排代表团参观了中国海军“辽宁”号航空母舰、海军潜艇学院和海军指挥学院，双方人员就《海上意外相遇规则》的使用、人员训练管理和航空母舰发展战略等多个主题进行了广泛深入的互动交流。

五、结语

中美两国历史文化传统、社会制度、意识形态不同，经济发展水平各异，双方在一些问题上存在分歧和摩擦，在所难免。在中国军方看来，阻碍两军关系深入发展主要受制于“三大障碍”，即美国对台军售、美舰机高强度抵近侦察和美国《2000年国防授权法》在12个领域限制中美军事交流。在此背景下，中美两军交流在总体向前推进的同时，不时发生局部性、临时性的中断和反复，不令人感到意外。

中美分别是最大的发展中国家和最大的发达国家，同为联合国安理会常任理事国，对亚太地区乃至世界的和平与发展负有极其重要的责任。双方都希望看到一个和平、稳定、繁荣的亚太，都致力于防止大规模杀伤性武器扩散，都致力于维护包括东海和南海在内的亚太地区海洋的和平稳定，都致力于维护太空、网络、海洋等全球公域的安全。对此，中美双方应当坚持从大局着眼，把握构建“新型大国关系”总目标，认清两国共同利益远远大于分歧；同时应当相互尊重、平等相待，尊重彼此主权和领土完整，不把自己的意志强加于对方；应当及时管控危机和防止摩擦，坚持通过对话协商、以建设性方式增进理解，扩大共识。

图书在版编目（CIP）数据

美国在亚太地区的军力报告. 2016/中国南海研究院著. ——北京：时事出版社，2016. 12
ISBN 978-7-5195-0008-5

Ⅰ. ①美...　Ⅱ. ①中...　Ⅲ. ①亚太地区-军事实力-研究报告-美国-2016　Ⅳ. ①E712. 45

中国版本图书馆CIP数据核字（2016）第233645号

审图号：GS（2016）2311

出版发行：时事出版社
地　　址：北京市海淀区万寿寺甲2号
邮　　编：100081
发行热线：（010）88547590　88547591
读者服务部：（010）88547595
传　　真：（010）88547592
电子邮箱：shishichubanshe@sina. com
网　　址：www. shishishe. com
印　　刷：北京市昌平百善印刷厂

开本：880×1230　1/32　印张：2. 625　字数：181千字
2016年12月第1版　2016年12月第1次印刷
定价：50. 00元
（如有印装质量问题，请与本社发行部联系调换）